Las montañas de la Tierra

Bobbie Kalman

🌲 Crabtree Publishing Company

www.crabtreebooks.com

Creado por Bobbie Kalman

Para Ron Bator, un amigo que perdí hace tiempo
y un hermano del alma. Escribí este libro
mientras estabas en Nepal. Nuestra conversación
me inspiró hasta grandes alturas.

Autora y editora en jefe
Bobbie Kalman

Investigación
Robin Johnson

Editora
Kathy Middleton

Correctora
Crystal Sikkens

Diseño
Bobbie Kalman
Katherine Kantor
Samantha Crabtree (portada)

Coordinadora de producción
Katherine Kantor

Técnica de preimpresión
Margaret Amy Salter

Consultor
Joel Mercer, ex director del Departamento de Geografía,
Galt Collegiate Institute

Consultor lingüístico
Dr. Carlos García, M.D., Maestro bilingüe de Ciencias, Estudios Sociales y Matemáticas

Ilustraciones
Barbara Bedell: páginas 24 (hojas), 25 (líquenes)
Katherine Kantor: páginas 12, 24-25 (fondo)
Robert MacGregor: página 10 (superior)
Margaret Amy Salter: páginas 11, 14, 17, 18

Fotografías
© Dreamstime.com: página 18
© iStockphoto.com: páginas 20, 23 (superior)
Propiedad de Bobbie Kalman: página 30 (recuadro)
© ShutterStock.com: portada, contraportada, páginas 3, 4, 5, 6, 7 (inferior), 8, 9, 10 (inferior),
    11, 13, 14, 15, 16, 17, 19, 21, 22, 23 (centro e inferior), 24, 25, 26, 27 (excepto recuadro),
    28, 29, 30 (excepto recuadro), 31
Otras imágenes de Corbis, Digital Stock y Photodisc

Traducción
Servicios de traducción al español y de composición de textos suministrados
    por translations.com

Library and Archives Canada Cataloguing in Publication

Kalman, Bobbie, 1947-
    Las montañas de la tierra / Bobbie Kalman.

(Observar la tierra)
Includes index.
Translation of: Earth's mountains.
ISBN 978-0-7787-8238-4 (bound).--ISBN 978-0-7787-8255-1 (pbk.)

    1. Mountains--Juvenile literature. I. Title. II. Series: Observar la tierra

GB512.K3418 2010   j551.43'2   C2009-902436-5

Library of Congress Cataloging-in-Publication Data

Kalman, Bobbie.
    [Earth's mountains. Spanish]
    Las montañas de la tierra / Bobbie Kalman.
        p. cm. -- (Observar la tierra)
    Includes index.
    ISBN 978-0-7787-8255-1 (pbk. : alk. paper) -- ISBN 978-0-7787-8238-4 (reinforced
library binding : alk. paper)
    1. Mountains--Juvenile literature. I. Title. II. Series.

    GB512.K3518 2010
    551.43'2--dc22
                                                            2009016809

Crabtree Publishing Company

www.crabtreebooks.com   1-800-387-7650
Copyright © **2009 CRABTREE PUBLISHING COMPANY.** Todos los derechos reservados. Se prohíbe la reproducción total o parcial de esta obra, su
almacenamiento en un sistema de recuperación o su transmisión en cualquier forma y por cualquier medio, ya sea electrónico o mecánico, incluido el fotocopiado o
grabado, sin la autorización previa por escrito de Crabtree Publishing Company. En Canadá: Agradecemos el apoyo económico del gobierno de Canadá a través del
programa *Book Publishing Industry Development Program* (Programa de desarrollo de la industria editorial, BPIDP) para nuestras actividades editoriales.

Publicado en Canadá
Crabtree Publishing
616 Welland Ave.
St. Catharines, Ontario
L2M 5V6

Publicado en los Estados Unidos
Crabtree Publishing
PMB16A
350 Fifth Ave., Suite 3308
New York, NY 10118

Publicado en el Reino Unido
Crabtree Publishing
White Cross Mills
High Town, Lancaster
LA1 4XS

Publicado en Australia
Crabtree Publishing
386 Mt. Alexander Rd.
Ascot Vale (Melbourne)
VIC 3032

Contenido

¿Qué son las montañas?

Las **montañas** son áreas de tierra rocosa que se elevan sobre el suelo. Son **accidentes geográficos** grandes y altos. Los accidentes geográficos son las distintas formas de la tierra en el planeta. Las montañas tienen laderas **empinadas**. Las laderas empinadas se elevan en forma casi vertical desde el suelo. Por eso es difícil escalar las montañas.

¿Qué son las colinas?

Las colinas son montañas bajas y pequeñas con laderas en pendiente. Las laderas en pendiente no son muy empinadas. Es mucho más fácil escalar colinas que montañas.

montaña

colina

pico

ladera

base

El **pico** de una montaña es angosto y puntiagudo. Las laderas de una montaña son empinadas. La **base** o pie es ancha.

Las montañas de la Tierra

Las montañas cubren casi un cuarto de la **superficie** de la Tierra. Están en todos los **continentes** del planeta. Los continentes son siete enormes áreas de tierra. También hay montañas en los **océanos**. Los océanos son grandes masas de agua salada. Esta montaña está en el océano Antártico, en la Antártida.

Tamaños y formas

Las montañas tienen distintos tamaños y formas. Algunas montañas altas llegan hasta las nubes. Otras montañas son más bajas y más anchas. Algunas montañas tienen picos de forma irregular. Otras tienen **cumbres** planas o redondeadas. La cumbre es el lugar más alto de una montaña.

El pico de esta montaña es más alto que las nubes.

El monte Kilimanjaro es la montaña más alta de África. Su cumbre es redondeada.

Cordilleras

La mayoría de las montañas forman parte de **cordilleras**. Las cordilleras son grupos de montañas que están muy cerca. En la Tierra hay muchas cordilleras. El Himalaya en Asia es la cordillera más alta de la Tierra. Los Andes en América del Sur forman la cordillera más larga del mundo. Las montañas Rocosas o Rocallosas en América del Norte son la segunda cordillera más larga. Se extienden desde el noroeste de Canadá hasta el sudoeste de los Estados Unidos.

Monte Everest

El Himalaya pasa por seis países de Asia y tiene los picos más altos del mundo, entre ellos el monte Everest. El monte Everest es la montaña más alta de la Tierra.

Los Andes son la cordillera más larga. Este guanaco vive en lo alto de una montaña que es parte de los Andes.

Estos esquiadores están en la cima de una de las montañas Rocosas en Canadá.

Los Alpes son una cordillera de Europa. El Cervino o Matterhorn forma parte de los Alpes. Tiene un pico alto y puntiagudo.

Hechas de roca

Las montañas están hechas de roca. Son parte de la **corteza** terrestre. La corteza es la capa rocosa superior de la Tierra. Vivimos sobre la corteza terrestre. Debajo de la corteza, hay una capa de la Tierra que se llama **manto**. El manto contiene **magma**. El magma es roca fundida al rojo vivo. Gran parte de la corteza terrestre está cubierta por plantas, agua y edificios, pero la corteza se puede ver en las montañas rocosas.

Nosotros vivimos en la corteza terrestre.

*El **núcleo** de la Tierra es su centro.*

manto

El manto de la Tierra contiene magma.

En esta montaña se puede ver la corteza terrestre.

Muchas clases de plantas cubren la corteza terrestre.

Grupos de rocas

La corteza terrestre está hecha de tres tipos principales de roca, que se forman de distintas maneras. Las rocas **ígneas** o volcánicas se forman cuando el magma se enfría y se endurece. Las rocas **sedimentarias** se forman cuando se acumulan pedazos diminutos de arcilla y arena en capas y forman una nueva roca. Las rocas **metamórficas** son rocas que cambian por el calor y la presión de las profundidades de la Tierra.

El Taj Mahal en la India está hecho de **mármol** blanco. El mármol es una roca metamórfica. Es una forma de caliza modificada.

Este **granito** tiene forma de rana.

Estas rocas son **basalto**. Provienen de un **volcán**.

Esta **caliza** está dentro de una cueva.

Esta **arenisca** parece un árbol.

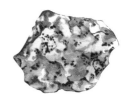

El granito es una roca ígnea que se forma con magma debajo del suelo.

El basalto es una roca ígnea que se forma a partir de **lava** enfriada.

La caliza es una roca sedimentaria que se forma dentro de las cuevas.

La arenisca es una roca sedimentaria compuesta principalmente de arena.

Las placas de la Tierra

La corteza terrestre está formada por **placas tectónicas**. Las placas tectónicas son enormes pedazos de roca que encajan como un rompecabezas gigante. Hay siete placas muy grandes en la Tierra. Se muestran en este mapa. También hay muchas placas más pequeñas. Las placas tectónicas se apoyan sobre magma líquido. El magma hace que las placas terrestres se muevan muy lentamente. Algunas placas se acercan entre sí y otras se alejan. Estas flechas muestran en qué dirección se están moviendo las placas. Con el tiempo, los movimientos de algunas placas forman montañas.

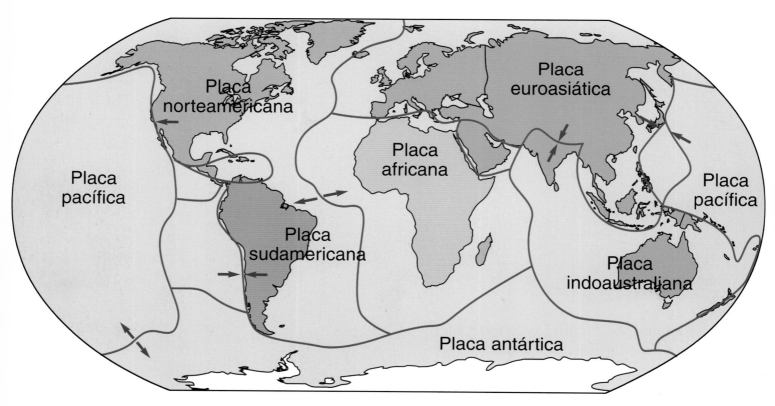

12

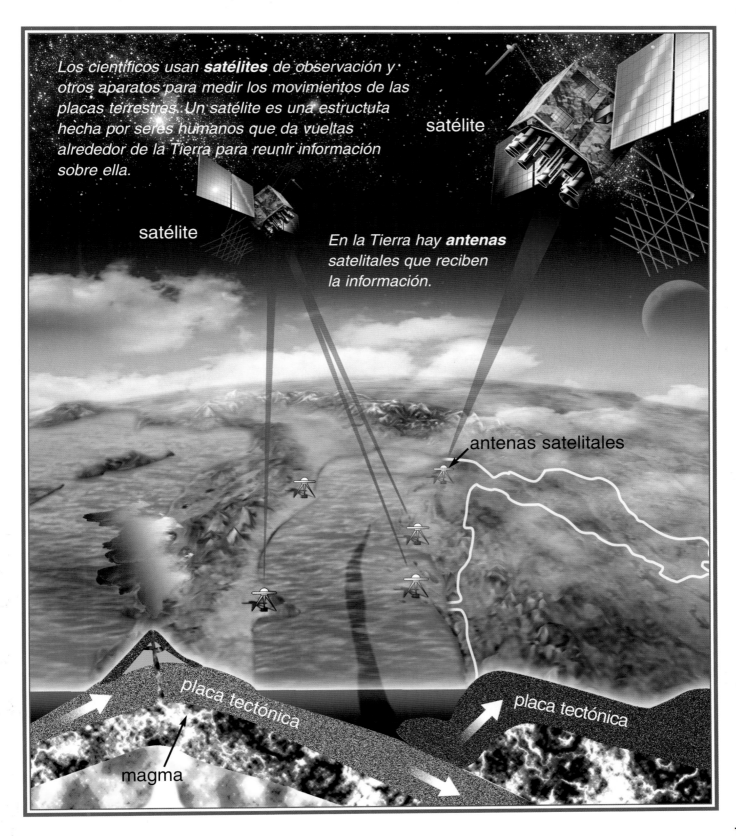

Los científicos usan **satélites** de observación y otros aparatos para medir los movimientos de las placas terrestres. Un satélite es una estructura hecha por seres humanos que da vueltas alrededor de la Tierra para reunir información sobre ella.

satélite

satélite

En la Tierra hay **antenas** satelitales que reciben la información.

antenas satelitales

placa tectónica

placa tectónica

magma

Montañas plegadas

Las placas terrestres están compuestas por capas de roca. Las capas de roca se llaman **estratos**. Las placas terrestres **colisionan** o chocan unas con otras. Cuando esto sucede, los estratos se doblan, se pliegan y son empujados hacia arriba. Durante millones de años, las rocas son empujadas hacia arriba y forman altas **montañas plegadas**.

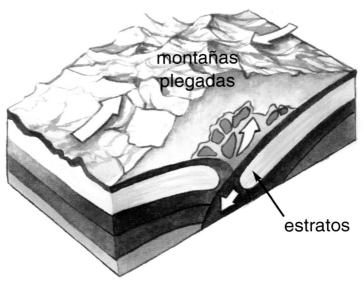

montañas plegadas

estratos

Esta imagen muestra cómo los estratos son empujados y plegados, y forman montañas.

Estas montañas plegadas son parte de las montañas Rocosas.

Bordes de los continentes

La mayoría de las montañas plegadas están en los bordes de los continentes. Los bordes de los continentes es donde colisionan las enormes placas terrestres. Los Andes son montañas plegadas. Se extienden a lo largo de la **costa** oeste de América del Sur. Una costa es tierra que está junto a un océano. Los Andes son la cordillera más larga del mundo y todavía se están formando. Crecen unas cuatro pulgadas (10 cm) cada siglo. Un siglo es un período de 100 años.

15

Fallas y bloques

La Tierra tiene muchas **fallas**. Las fallas son grietas profundas de la corteza terrestre. Se forman cuando las capas de roca se empujan, se pliegan o se retuercen demasiado. Algunas fallas son muy largas. Se extienden cientos de millas o kilómetros.

Estas montañas de bloques son parte de la Sierra Nevada en el sudoeste de los Estados Unidos.

Montañas de bloques

Cuando la corteza terrestre se agrieta, parte de la tierra a lo largo de las fallas se rompe y forma bloques gigantes. Las placas terrestres empujan estos bloques hacia arriba, hacia abajo o hacia los costados. Con el tiempo, los bloques que fueron empujados hacia arriba forman grandes **montañas de bloques**.

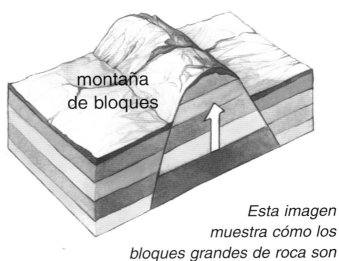

montaña de bloques

Esta imagen muestra cómo los bloques grandes de roca son empujados hacia arriba y forman montañas.

17

Montañas de domos

Las **montañas de domos** se forman cuando el magma caliente se eleva debajo de la corteza terrestre y empuja hacia arriba la roca que hay encima. Entonces se forman montículos circulares llamados **domos**. El magma se enfría y se convierte en roca dura.

Esta ilustración muestra cómo se forman montañas cuando el magma se eleva y empuja las rocas hacia arriba.

montaña de domo

rocas

magma

Las montañas Adirondack en el estado de Nueva York son montañas de domos.

Valles bajos

Algunas partes de las montañas de domos se desgastan lentamente. Con el tiempo, se forman cimas y **valles**. Los valles son zonas bajas de tierra que están entre las montañas. En los valles, el clima es más moderado que en las montañas. Allí crecen muchos árboles, flores y otras plantas.

Este colorido valle se encuentra en la región de las montañas Adirondack. Se pueden ver las montañas de domos detrás.

Montañas volcánicas

Los volcanes son aberturas en la corteza terrestre. Pueden **entrar en erupción** o explotar. Cuando los volcanes entran en erupción, expulsan magma líquido caliente. El magma que sale de los volcanes se llama lava. La lava fluye por las laderas de los volcanes. Luego se enfría y se convierte en roca dura. Las montañas volcánicas pueden formarse en la tierra y en los océanos.

*Este volcán está en erupción. Despide lava caliente por su **respiradero** o abertura.*

Capas de lava

Cada vez que un volcán entra en erupción, la lava se acumula en capas duras. Con el tiempo, la lava puede formar montañas altas. Cuando un volcán entra en erupción en un océano, la lava se derrama en el océano, se enfría y se endurece. Después de muchas erupciones, el volcán se vuelve más alto. La montaña volcánica sale a la superficie del agua. La cima de la montaña se convierte en una **isla**.

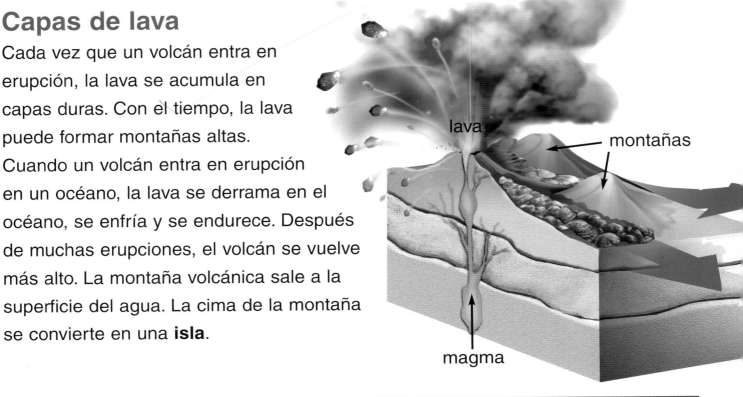

lava

montañas

magma

Después de muchos años, las montañas volcánicas del océano salen a la superficie del agua y se convierten en islas. Todas las islas de Hawái son en realidad cimas de volcanes submarinos.

Montañas cambiantes

Las montañas siempre están cambiando. Crecen, pero también pueden hacerse más pequeñas. Las montañas se achican debido a la **erosión**. La erosión es el desgaste natural de las rocas. Las rocas también son arrastradas por el viento, los ríos, la lluvia y los **glaciares**. Los glaciares son enormes masas de hielo que bajan lentamente por las montañas.

Los glaciares arrastran rocas grandes a medida que bajan lentamente por las montañas.

glaciar

Montañas de problemas

Las personas dañan las montañas cuando talan los árboles y otras plantas que crecen en ellas. Sin árboles que las protejan del viento y del agua, las montañas se erosionan rápidamente y se desmoronan en pedazos de roca. Cuando las montañas se desmoronan, pueden ocurrir **corrimientos de tierra** peligrosos. Las rocas caen por la ladera de la montaña y pueden arrastrar casas y automóviles.

Los corrimientos de tierra pueden ocurrir rápidamente.

señal de advertencia de corrimientos de tierra

*Los árboles de las montañas se talan para tener espacio para casas, granjas y caminos. También se talan para obtener **madera**. La madera se usa para construir casas y otras cosas.*

Las plantas de las montañas

En las montañas crecen muchas plantas. En las distintas partes de las montañas crecen diferentes plantas. El clima al pie de una montaña es más moderado que en la cima. Al pie de la montaña suelen crecer campos de flores y **bosques** tupidos. Un bosque es una zona con muchos árboles.

*Las flores forman **prados** o campos coloridos cerca del pie de las montañas.*

*Al pie de la montaña también crecen robles, arces y otros árboles de **hojas anchas**. Los árboles de hojas anchas tienen hojas grandes y planas.*

En lo alto de las montañas rocosas crecen **líquenes**. Los líquenes son plantas que pueden crecer sobre rocas.

Los árboles dejan de crecer cerca de la cima de la montaña. El suelo es demasiado delgado y los vientos son demasiado fuertes y podrían arrancar los árboles.

Más arriba en la montaña crecen las **coníferas**. Las coníferas son árboles con conos y hojas finas que parecen agujas. Los pinos y los abetos son coníferas.

Frío y ventoso

En la cima de las montañas muy altas, el clima es frío, seco y ventoso. Allí no pueden crecer árboles. La zona donde los árboles dejan de crecer se llama **límite de vegetación arbórea**. Más arriba hay poca tierra y solo pueden sobrevivir pastos resistentes, arbustos y otras plantas pequeñas. El clima es helado y nieva todo el año. Muy pocas plantas pueden crecer en estas frías cimas.

25

Los animales de las montañas

En las montañas de casi todos los continentes viven animales. Los animales de las montañas se han **adaptado** o cambiado para sobrevivir en este duro ambiente. Algunos, como la vicuña y el borrego cimarrón, tienen pelajes gruesos y **pezuñas**. Las pezuñas ayudan a los animales de montaña a escalar las rocas empinadas.

Las vicuñas son parientes de las llamas. Viven en lo alto de las montañas de América del Sur.

A los pumas también se les llama leones de montaña. Viven en algunas zonas de América del Norte y América del Sur. Muchos pumas viven en las montañas Rocosas en Canadá y los Estados Unidos.

La vida en las alturas

El borrego cimarrón también vive en las alturas de las montañas Rocosas de América del Norte. Se alimenta de los pastos que encuentra. Los machos tienen grandes cuernos curvos, pero las hembras y las crías tienen cuernos mucho más pequeños. Los yaks viven en el Himalaya. Son unos de los pocos animales que pueden escalar estas montañas tan altas. Las personas crían yaks por su carne y su leche.

macho

Las personas también usan yaks para subir cargas pesadas a montañas muy altas.

La vida en las montañas

En todo el mundo, muchas personas viven en montañas. Algunas regiones montañosas están en zonas muy altas y lejos de las ciudades. Las personas que viven en las montañas han aprendido a cultivar alimentos y criar animales para sobrevivir. Los granjeros cultivan papas, arroz y otras **cosechas**. También crían animales como ovejas, cabras, llamas y yaks.

*Los uros viven en un lago en lo alto de las montañas de los Andes. Construyen sus casas y botes con **juncos**. También usan juncos para fabricar las islas donde viven.*

Este granjero cría cabras para obtener leche, carne y lana. Vive en el Himalaya en el norte de la India.

Los granjeros suelen hacer **terrazas** o escalones en las laderas de las montañas empinadas para evitar que el suelo se erosione. Cultivan cosechas como el arroz y viven en aldeas debajo de las terrazas.

En las montañas también hay ciudades. En ellas, las personas no tienen que cultivar su propio alimento. Pueden comprar alimento y otras cosas que necesitan en tiendas.

¡Montañas de diversión!

Las personas visitan montañas en todo el mundo. Algunas personas visitan las montañas para saber más sobre ellas. Otros las visitan para hacer caminatas o escalar. A muchas personas les gusta esquiar o deslizarse en tablas para nieve o *snowboards* en las laderas empinadas. Lo más importante es que las montañas son hermosas. ¡Hacen que nos sintamos felices de estar vivos!

Las montañas nos ofrecen una vista espectacular del mundo.

Estas niñas encontraron una cabra en una montaña.

A este niño le gusta descender por la montaña en una tabla para nieve.

Uno de los castillos más bellos del mundo está en la cima de una montaña de Alemania. El castillo se llama Neuschwanstein. Se puede escalar la colina hasta el castillo, pero es muy cansador.

Palabras para saber

Nota: algunas palabras en negrita se definen cuando aparecen en el libro.

accidente geográfico (el) Característica natural de la tierra del planeta, como una montaña

continente (el) Una de las siete grandes regiones de tierra del planeta

cosecha (la) Tipo de planta que se cultiva para usarse como alimento o para algún otro propósito

ígnea Tipo de roca que se ha formado a partir de magma o lava

isla (la) Porción de tierra rodeada totalmente por agua

junco (el) Hierba alta y leñosa que crece en el agua

lava (la) Magma líquido caliente que sale de un volcán

magma (el) Roca líquida caliente que fluye debajo de la corteza terrestre

metamórfica Tipo de roca que ha cambiado debido al calor o la presión

pezuña (la) Cubierta dura que protege la pata de un animal.

pico (el) La cima puntiaguda de una montaña

sedimentaria Tipo de roca que se ha formado con pedazos de tierra, arena o roca que fueron arrastrados por el agua, el hielo o el viento

superficie (la) La capa superior de algo

valle (el) Zona baja de tierra entre montañas

Índice

Impreso en China — CT